L. JARROT

UNE VISITE

AU

CAMPO SANTO DE GÊNES

(6 décembre 1904)

DIJON

IMPRIMERIE DARANTIERE

65, RUE CHABOT-CHARNY, 65

—

1905

UNE VISITE

AU CAMPO SANTO DE GÊNES

(6 décembre 1904)

*Extrait des Mémoires de la Société Bourguignonne
de Géographie et d'Histoire*, année 1905, tome XXI.

L. JARROT

UNE VISITE

AU

CAMPO SANTO DE GÊNES

(6 décembre 1904)

DIJON

IMPRIMERIE DARANTIERE

65, RUE CHABOT-CHARNY, 65

1905

UNE

VISITE AU CAMPO SANTO DE GÊNES

(6 décembre 1904)

PAR M. L. JARROT

Tous ceux qui ont visité l'Italie ou qui ont étudié ses monuments connaissent le *Campo santo* de Pise. Cette nécropole religieuse, décorée de fresques par les plus grands maîtres des XIVe et XVe siècles, a été souvent décrite par les voyageurs et chantée par les poètes.

Il est un *Campo santo*, — c'est le nom qu'on donne aux cimetières en Italie, — qui, bien que moins connu et plus moderne, mérite cependant un regard de l'amateur et l'attention de l'artiste : c'est celui de Gênes.

On est profondément irrité lorsqu'en voyageant on se heurte à des gens qui savent à l'avance à quel hôtel ils trouveront la meilleure table et qui ignorent absolument ce que la ville peut offrir d'intéressant. J'ai éprouvé ce sentiment en approchant de Gênes ; trois dames, un avocat et moi dans le compartiment ; on contemple la mer, on parle de l'Italie, de ses monuments : « A Gênes, rien à voir », affirme une des douairières. Une autre s'enhardit : « Il paraît qu'à Pise non plus il n'y a rien d'intéressant. » C'est trop fort ; alors pourquoi aller en Italie ? Serait-ce pour voir des orangers, pour contempler les vagues de la mer ? Mon regard rencontre celui de l'avocat ; ce choc nous enhardit ; arrière toute galanterie et nous déclarons énergiquement que Pise est une ville des plus riches en monuments et en œuvres d'art, et que dans quelques instants nous aurons aussi beaucoup à voir à Gênes. La grande cité maritime, en effet, est fort curieuse avec ses églises enrichies de marbre et d'or, son port rival de celui de Marseille où arrivent les navires du monde entier. Mais il n'est personne qui ne vous dise : « Allez au Campo, allez voir le Campo. » En route donc pour le Campo.

***

Le cimetière de Gênes, — *Campo santo di Staglieno*, — n'est pas ancien, il remonte à 1840 : c'est à cette date qu'en fut approuvé le plan dressé par J.-B. Resasco, architecte génois ; l'exécution suivit immédiatement. C'est une curieuse nécro-

pole que cet immense champ des morts ; aucun élé-
ment architectural n'a été emprunté à l'art chrétien et son ensemble est tout entier inspiré des tra-
ditions grecques et romaines, aussi bien dans le
dessin des innombrables arcades qui forment un
cloître autour du préau que dans la chapelle funéraire ou des *Suffrages*, qui détache sur la verdure
de la colline ses colonnes, son fronton et son dôme
de panthéon païen.

Dans son dessin essentiel et en ramassant dans
une courte synthèse cette nécropole monumentale,
on peut dire qu'elle se compose de trois parties :
d'abord un cloître romain, dont les immenses
galeries couvertes sont réservées aux riches de la
cité, qui y reposent dans de somptueux tombeaux
de marbre ; puis au centre un vaste damier com-
posé d'une multitude de petits rectangles réguliers
blancs et noirs avec leurs croix de pierre ou de
bois, verts des arbustes et des feuillages qui
recouvrent les tombes basses des humbles et des
modestes ; en troisième lieu, pour compléter le
tout dans l'ample déclivité d'une colline, un bois,
boschetto, où dans de larges allées inclinées s'éta-
gent un nombre infini de luxueux monuments
funéraires dont les plus opulents sont des cha-
pelles gothiques élevant vers le ciel leurs flèches
et leurs clochetons délicatement sculptés.

L'originalité du Campo réside d'abord dans son
immensité ; il faut en effet un vaste champ de

repos pour une ville de plus de deux cent trente mille habitants ; sa superficie totale est de quinze hectares et demi. Mais il est surtout remarquable par la richesse de ses monuments funéraires ; il y a là tout un musée de la mort, un salon de sculpture contemporaine autrement intéressant à visiter que ceux qui sont enfermés dans les étroites murailles de nos plus grands palais ; il est en effet placé dans le beau décor d'une vallée profonde et quand l'œil est fatigué, il peut se reposer sur les pentes douces d'une colline qui monte dans le ciel comme un haut-relief d'oliviers toujours verts. Ajoutons avant de commencer une étude plus détaillée et pour achever de donner une idée d'ensemble du Campo, que toute cette sculpture funéraire est très variée ; chaque artiste a marqué les œuvres sorties de son ciseau d'une empreinte personnelle plus ou moins spiritualiste mais toujours pleine de vie, de mouvement, de réalité. Ce qu'il y a de plus remarquable dans le Campo, c'est, je crois, précisément cette variété dans la reproduction d'un thème unique, la mort ! Elle plane en effet sur tout ce champ des trépassés ; il serait étrange qu'il en fût autrement ; mais elle n'a rien de lugubre ; la fantaisie et l'imagination des artistes ont donné à ce cimetière un mouvement et une vie exubérante ; contrairement à toute attente, cette sculpture funéraire offre une série de tableaux mouvementés, d'aspect multiple et telle ment surabondants de vie qu'on oublie très rapidement qu'on visite la cité des morts.

Et cependant il y a des motifs funéraires qui sont complètement exclus du Campo ; beaucoup connaissent le distique moqueur de La Monnoye sur le cardinal-chancelier Duprat :

> Cy dessous gît couché tout plat
> Le puissant chancelier Duprat.

Au Campo, aucun de ces « gîsants » étendus immobiles sur une longue dalle de marbre et qui ne peuvent être aperçus que des anges ou du haut d'un premier étage. Motif funéraire grave et noble, mais qui une fois déterminé n'admet guère de variété ; c'est une formule sculpturale fixée une fois pour toutes. Cependant, voyez ce qui arrive ; prenez, par exemple, deux chefs-d'œuvre du genre, les tombeaux des ducs de Bourgogne, au musée de Dijon. Certes, ils ont bien la majesté chrétienne de la mort, ces princes couchés dans leur vêtement ducal, la couronne au front, les mains jointes levées, les pieds posés sur des lions, tandis que à leur tête des anges agenouillés portent leur heaume de guerre. Mais ils sont placés un peu haut, on ne les voit que de profil, et le regard, l'intérêt, vont aux scènes vivantes jetées au-dessous d'eux, sous les arcs de marbre du cloître. Voici l'évêque officiant au service funèbre, les acolytes, les moines chantant, les officiers ducaux en tenue officielle ; et ces bons-hommes de marbre sont si vrais, si bien surpris dans la sincérité de leur expression et de leur attitude, que le spectateur oublie les princes morts pour s'attacher à ces vivants si habilement placés à portée du regard et en même temps si proches de nous par l'intensité de vie individuelle que l'artiste a su mettre en eux. Et le grand public ne s'y trompe pas ; c'est vraiment ici l'accessoire dont l'art a fait le principal.

Le Campo ne nous montre pas non plus de statues agenouillées, les mains jointes, les yeux au ciel dans l'attitude de la prière et dans un anxieux appel d'immortalité. C'est en somme un beau thème, très chrétien et très noble. Pourquoi les artistes du Campo s'en sont-ils privés? A la vérité il a peu servi en Italie où domine plutôt, du XIVe au XVIe siècle, le type du gisant. Est-ce que les sculpteurs génois auraient trouvé singulier de représenter, inclinés dans une prostration éternelle, tous ces commerçants, tous ces armateurs qui eurent le regard sans cesse fixé vers la mer pour voir si elle leur apportait des bâtiments bien chargés? A tout prendre, cependant, ces négociants étaient des chrétiens.

L'école génoise a donc créé toute une série de formules funéraires nouvelles. Nous avons d'abord les médaillons isolés qui reproduisent les

traits des défunts ; fixés au-devant du sarcophage
à la manière d'un cadre, ils nous montrent en
général des physionomies fortes et exprimant
la prospérité. Parfois deux médaillons accolés
nous révèlent le mari et la femme avec autant
de certitude que deux blasons accouplés sont la
manifestation héraldique de familles alliées. A
ces manières si simples de perpétuer le souvenir
s'en ajoutent d'autres qui, elles aussi, sont, parait-
il, très photographiques, c'est-à-dire qu'en général
elles reproduisent les traits des chers disparus.

Tantôt c'est une veuve qui se montre à nous
dans une statue de marbre devant le tombeau de
son mari ; tantôt elle a accepté de poser en image
symbolique pour figurer devant nous le sommeil de la mort, la douleur, la résignation.

Quelquefois le sculpteur fait plus encore ; il
lui adapte de larges ailes aux épaules et alors elle
a l'honneur insigne de nous représenter un ange,
l'ange de la consolation, de la fidélité, du souvenir,
de la piété sépulcrale ; car, il faut bien le dire, dans
l'art génois les anges ne sont pas des têtes bouf-
fies de *bambini* coiffées d'ailes légères, ils sont
déchus de leur traditionnelle mission et rempla-
cés par des membres de la famille et à leur défaut
par de fortes filles prises dans la rue ou de vigoureux garçons réquisitionnés sur la place de Cari-
camento. Quelquefois le monument funéraire est
une véritable scène dramatique avec plusieurs

personnages ; ici, une âme qui s'élève vers le ciel et son ange qui la guide et lui indique le chemin ; là un malade qui rend le dernier soupir entouré de tous les siens ; voici deux sœurs, la défunte invitant la survivante à l'accompagner jusqu'aux célestes parvis. Parfois devant la porte d'un tombeau, trois, quatre, cinq personnages ; d'abord en bas les survivants, père, mère, enfants ; puis, en haut, le défunt ou la défunte qui s'élève dans la nuée toujours guidé par un ange qui montre le chemin ou qui au retour du céleste voyage console les inconsolables. Quelquefois sur les degrés d'un monument figurent des statues de pauvres femmes et d'enfants ; ils sont là pour rappeler que le défunt fut la providence des pauvres ; j'ai vu au tombeau d'un médecin une sœur de Saint-Vincent-de-Paul portant un jeune enfant débile sur les genoux ; monument commémoratif qui rappelle des donations charitables faites aux hôpitaux de Gênes.

Il va sans dire que le Campo, commencé il y a un peu plus de soixante ans, n'a pris que peu à peu tout son développement. Ce fut à l'origine un adolescent qu'on regardait à peine ; mais les monuments s'y sont accumulés et maintenant c'est un être arrivé à l'âge mûr et dont on admire la force et la puissance, car ainsi que je le dirai, les sculpteurs y ont placé des statues très réelles, même très réalistes, trop peut-être.

C'est naturellement une œuvre collective ; de nombreux artistes, architectes et sculpteurs y ont travaillé et y travaillent à la demande des familles qui veulent honorer leurs défunts. Dans la foule des écrivains il en est qui méritent d'être lus et même de se survivre ; parmi les artistes du Campo il y en a qui doivent être connus et dont la postérité conservera les noms.

L'architecte qui donna le plan et surveilla les constructions fut, ainsi que nous l'avons déjà dit, J.-B. Resasco, né à Gênes en 1798, mort en 1872.

Le plus connu des sculpteurs fut Santo Varni (1807-1884), l'auteur de la statue de la Foi qui s'élève au milieu du Campo ; il était originaire de Gênes et a exécuté d'autres œuvres très estimées dont les plus remarquables sont les monuments des familles Durazzo, Spinola, Gropallo ; on le regarde comme le maître de l'école génoise contemporaine ; un grand nombre de sculpteurs ont été ses élèves, il les domine de son nom et de son autorité. Dans la partie supérieure du Campo, côté sud, il a élevé deux tombeaux, un à sa première, l'autre à sa seconde femme ; ce dernier nous représente une jeune personne agenouillée dans l'attitude de la résignation et de la prière ; à sa gauche, un chien, symbole de la fidélité. A sa mort Santo Varni est venu reposer dans la tombe de sa seconde femme Judith Disegni.

A la suite de ce maître il faut ajouter Sauveur Revelli, né à Taggia en 1816 et mort en 1859. Enfant il révèle son futur talent en taillant de petites statuettes de bois ; de généreux protecteurs lui permettent de se livrer à son goût naturel ; il fut à Rome élève de Tenerani, travailla pour Marie-Christine de Savoie, pour Victor-Emmanuel II, pour le pape Pie IX qui lui fit exécuter divers travaux dans la basilique de Saint-Paul hors les murs ; il mourut de la mal'aria ; le Campo a de lui des œuvres marquées au coin d'un véritable esprit spiritualiste et chrétien.

Joseph Gaggini, né et mort à Gênes (1791-1867), fut élève de Canova et maître de Santo Varni ; ce sculpteur, qui a laissé des œuvres nombreuses, a son tombeau au Campo, un délicat sarcophage de marbre blanc surmonté du Génie ailé de la sculpture.

Outre ces sculpteurs dont la mort a consacré le talent, il en est d'autres actuellement vivants et déjà en possession du crédit et de la renommée. Qui ne connaît à Gênes Antoine Rota dont l'atelier est sur la colline *d'Albaro* et qui a placé près du monument des frères Serra la statue si populaire d'un moine en prière? D'abord est-il bien en prière, ce religieux franciscain? Il me semble plutôt absorbé dans la lecture ; on croirait, à part le costume, qu'on a devant soi un visiteur cherchant dans son guide quel peut bien être le monument près duquel il est debout.

L'atelier de Jean Scanzi à la *Via lata* n'est pas moins fréquenté ; élève de Varni il commença par épousseter les statues du maître, maintenant il est un des artistes les plus appréciés de Gênes; il a exécuté des œuvres importantes soit pour le Campo, soit pour les églises de la ville : il a reçu des commandes de l'étranger, spécialement de l'Amérique du Sud.

Le nom de Monteverde a plus de notoriété encore. Né près d'Acqui, Jules Monteverde arriva tout enfant à Gênes, mais la réputation ne lui vint enfin qu'assez lentement ; le travail amena la gloire et les honneurs ; actuellement son nom est hors de pair, c'est peut-être le premier sculpteur de l'Italie.

Quelle vie et quel mouvement dans ses œuvres! Elles semblent toutefois la révélation d'un talent plus fort que délicat, plus réaliste que spiritualiste. Ainsi c'est un étrange personnage que cet ange debout comme une vigie attentive devant le monument de François Oneto. D'abord est-ce un ange? N'est-ce pas plutôt une forte fille des quais de Gênes qui les bras croisés laisse tomber le long de son corps peu drapé la longue trompette du jugement dernier, on a dit qu'il médite à la manière de Napoléon Ier. Etrange rapprochement ! Il me rappelle assez ce génie féminin d'un monument funéraire de Santa-Croce, à Florence, dont nous disait malignement un cicerone : « Elle a mangé trop de macaroni. »

Combien j'aime mieux la Vierge assise au-dessus du monument de Dominique Balduino ; voilà réellement un travail d'une délicatesse et d'un fini rares ; on doit louer la pureté de cette œuvre, l'exquise beauté de cette madone qui tient sur ses genoux le divin *bambino* étendant son petit bras pour bénir.

Le monument Oneto est d'inspiration toute païenne ; celui de D. Balduino est animé d'un véritable souffle chrétien. N'est-ce pas la révélation que les artistes génois, se laissant aller à l'esprit de métier, sont ce que les familles désirent qu'ils soient ? Ces deux œuvres si opposées et dont j'ai voulu parler à la suite du nom du sénateur sculpteur Monteverde, servent au moins à démontrer la souplesse merveilleuse de son talent.

Citons encore *Santo Saccomanno*, élève de Santo Varni et de Gaggini dont l'atelier est situé *via dell' Edera*. Sa meilleure œuvre est assurément dans le monument Erba la statue du Sommeil éternel symbolisé par une jeune femme immobilisée par la mort ; les paupières sont closes, les membres s'abandonnent, tout le corps semble prêt à s'affaisser dans l'impuissance et l'immobilité du trépas.

Moreno, né à Ceriale près d'Albenga commença par exécuter des statuettes de terre glaise ; il trouva un riche protecteur qui le fit entrer à l'Académie de Gênes où il étudia sous Varni. Après avoir exécuté de nombreux monuments pour le Campo et pour l'étranger, il s'est, paraît-il, tranquillement retiré dans son village natal pour y jouir de la fortune qu'il s'est acquise.

Laurent Orengo, dont l'atelier est *via degli Archi*, fut élève de l'Académie de Gênes ; il est surtout connu pour sa statue d'Adam de la chapelle des *Suffrages*.

Le nom de *Navone* mérite d'être indiqué et son atelier de la *via Colombo* vaut la peine d'être visité.

Dominique Carli, natif de San Remo, commença par exercer le métier de doreur ; élève de Santo Varni à Gênes, de Revelli à Rome, il a lui même ouvert un atelier au *Corso Carbonara* près de l'*Albergo dei Poveri*.

Le talent de *Pierre Capurro*, d'*Auguste Rivalta*, et de *Demetrius Paernio* s'inspire aux mêmes sources ; ce dernier, qui combattit sous Garibaldi, reproduit avec amour les traits des champions de l'indépendance italienne ; tous trois ont exécuté des œuvres plus naturelles, que spiritualistes, plus révélatrices de vie et de mouvement

que de méditation intime et de pensée chrétienne.

***

Nous venons de nommer quelques-uns des ar-
tisans du Campo; parlons maintenant de ses
habitants. L'opulent cimetière a son « quartier »
des grands hommes ; c'est le monument funéraire
appelé *chapelle des Suffrages, capella dei Suf-
fragi.* Cet édifice de forme circulaire, précédé d'un
portique de six colonnes doriques sans base, est
coiffé d'une coupole ; on y arrive par un grandiose
escalier en marbre de soixante-six marches ; l'in-
térieur de cette chapelle est de forme circulaire,
recouvert d'une voûte hémisphérique à caissons et
entouré de seize colonnes de marbre qui supportent
une galerie circulaire à balustrade. Au centre
s'élève un autel en marbre entouré d'une balustrade et de huit grands candélabres de bronze.

Une inscription latine placée à l'extérieur, au-
dessus de l'entrée de la chapelle, annonce qu'elle
est le panthéon des citoyens illustres.

Ils ne sont pas nombreux ceux qui dorment ici
leur dernier sommeil : voici d'abord les deux architectes du Campo : le premier, Barabino mort en
1835, dont le projet ne fut pas exécuté, et
J.-B. Resasco mort en 1872 dont l'idée plus gran-

diose triompha. Les autres grands hommes sont surtout des personnages politiques, des artistes, des hommes d'affaires et des hommes de loi : leurs noms toutefois n'ont guère franchi les limites de l'opulente cité pour devenir des gloires nationales. Ce sont, en suivant l'ordre chronologique de leur décès, d'abord deux ministres du roi Charles-Albert, Laurent Pareto, mort en 1865 et Vincent Ricci, en 1868 ; Michel Canzio, chef de l'Ecole d'art décoratif, mort en 1868 ; Antoine Caveri, jurisconsulte, mort en 1870 ; Dominique Chiodo, créateur de l'arsenal maritime de la Spezia, mort également en 1870 ; Nino Bixio, organisateur de l'expédition des Mille de Garibaldi, mort en 1874 ; Charles Bombrini, fondateur de la Banque nationale, mort en 1882, Dominique Ferrari qui fut ministre et président de la Cour de cassation, mort la même année ; Jean Ricci, frère de Vincent Ricci, ministre de la marine, mort en 1892, laissant deux millions aux œuvres de charité de Gênes ; Camille Sivori, violoniste, mort en 1894, enfin l'avocat Vincent Cappellini, mort en 1902.

La noblesse génoise se trouve naturellement très bien représentée dans l'opulent musée de Staglieno. Ici, c'est la marquise Ravina Lomellini dont le monument est surmonté par la statue si spiritualiste de la Résignation chrétienne ; plus loin la famille Durazzo-Spinola dont le tombeau

est dominé par un ange, œuvre remarquable de
Varni. Il faut aussi noter le tombeau des Gropallo
qui rappelle le souvenir de Louis Gropallo, maire
de Gênes, de son fils Marcello, mort en 1898,
gentilhomme de la reine Marguerite ; de la mère
de ce dernier, Laura Pertusati, dont la mort est
représentée dans un élégant bas-relief de Santo
Varni. Ajoutons la belle statue du marquis Di-
negro, le Mécène des artistes et écrivains génois
du milieu du XIXe siècle, qu'il reçut très libérale-
ment dans la villa qui porte son nom près du
jardin public de l'Acquasola ; citons parmi les plus
célèbres Paganini et Rossini. Quels touchants
souvenirs rappelle le splendide monument des
Taliacarne ! au milieu du XIXe siècle, durant une
traversée de Constantinople à Gênes, une jeune
Anglaise s'éprend d'un diplomate génois, André
Taliacarne. Après quelques années d'un mariage
heureux, ce dernier meurt à Florence en 1867 ;
sa veuve lui survit jusqu'en 1881, laissant à sa
mort deux enfants, un fils qui meurt dans un
voyage d'exploration autour du monde, et une
fille qui se fait sœur de charité. Le monument
funèbre du comte Emile Montebruno renferme,
avec ses restes, ceux d'un tout jeune fils que le
sculpteur nous a représenté emporté au ciel par
un ange et répandant de ses petites mains des
fleurs sur la tombe de son père.

La famille Spinola qui possédait le beau palais

de la rue Garibaldi, actuellement l'Ecole supérieure de commerce, a une tombe qui mérite d'être remarquée; Varni y a figuré, en un beau bas-relief, la mort de la marquise Spinola. Indiquons encore les monuments des familles Raggio et Pallavicino : ce dernier contient les restes du marquis Louis Pallavicino qui fut chef de l'administration communale de Gênes : en 1892, à l'occasion des fêtes de Christophe Colomb, le palais de la place Fontane Marose s'ouvrit au roi d'Italie et à toute la cour.

Les professions libérales figurent avec honneur au Campo santo. D'abord chacun des sculpteurs après avoir travaillé pour les familles opulentes de Gênes songe à préparer pour lui-même et pour sa famille un monument digne de son nom.

Quelques médecins célèbres dorment sous les galeries funéraires. Voici le buste de Louis Ageno qui eut de son vivant quelque réputation à Gênes. Le Dr Pastorino en eut davantage : le talent de Navone a perpétué le souvenir de cet homme bienfaisant qui légua sa fortune aux institutions génoises protectrices de l'enfance. Dominique Bomba fut à la fois un habile praticien et un éloquent conférencier.

Les avocats paraissent aussi au Campo. Voici Louis Priario qui de son vivant fut populaire. Plus grande fut la réputation du jurisconsulte

Borgonovo mort en 1893 ; il plaida et écrivit ; sa tombe est surmontée de son buste sous lequel est un livre ouvert où se lisent deux pensées, une de saint Jean Chrysostome, l'autre de Campanella. Un des plus remarquables monuments exécutés par Laurent Orengo nous présente les traits de Joseph Ratto qui fut surtout l'avocat des pauvres, ce que nous rappellent une veuve et un orphelin agenouillés à ses pieds.

Voici la tombe du poète milanais Torti, mort à Gênes (1774-1852) qui chanta la mort et les tombeaux après Ugo Foscolo et Pindemonte ; derrière la chapelle des Suffrages se voit le buste du poète dramatique Giacometti.

Des musiciens y ont également leurs monuments : Gambini, compositeur apprécié par Rossini ; Novaro l'auteur de l'hymne de Mameli ; Deferrari qui fit le *Pipelet* et le *Ménestrel*.

Nommons encore les historiens Celesia et Canale, l'avocat Virgilio qui publia divers ouvrages d'économie politique.

Les fondateurs de l'unité italienne occupent naturellement leur place au Campo. Mazzini, né à Gênes en 1808, et mort à Pise en 1872, a sa tombe creusée à même dans le roc ; deux colonnes ioniques, massives, cannelées, sans base, formant entrée, soutiennent une puissante architrave en granit sur laquelle se lisent ces simples mots : *Giuseppe Mazzini*. A côté du monument se trouve la modeste tombe de sa mère morte vingt ans avant lui. Dans le voisinage, formant cortège au célèbre révolutionnaire, des disciples, des admirateurs plus ou moins connus dans la péninsule et parfaitement ignorés au delà des Alpes.

C'est le commerce génois qui est le mieux représenté au cimetière de la cité. Les princes du Campo, ceux qui y règnent le plus magnifiquement, par les médaillons et les statues qui perpétuent leurs images, ce sont les armateurs, les commerçants, les marins, les banquiers, toute cette aristocratie d'hommes d'affaires qui ont vécu du port et qui pendant leur existence anxieuse ont des fenêtres du palais Saint-Georges regardé amoureusement la mer, par où est venue leur fortune. Ce qui, maintenant comme autrefois, fait la prospérité de Gênes, c'est son port ; la mer a créé dans cette cité une noblesse commerciale plus somptueuse que la vieille noblesse, plus influente que la foule cependant si turbulente des avocats, des écrivains, des hommes politiques.

Gênes a pour principal monument le vieux palais de la banque Saint-Georges. « Ce fut une puissance que la banque Saint-Georges ; dès le XIIe siècle elle escomptait comme ses sœurs de Venise et de Florence sur toutes les places de l'Europe. Son conseil traitait avec les princes, équipait des flottes, livrait bataille sur les mers lointaines, favorisait ou entravait les plus vastes entreprises (1). »

Saint Georges est le patron du commerce génois. Les sculpteurs l'ont représenté plusieurs fois au Campo ; Rota a placé sa statue au-dessus du monument Pastorino. Jean Scanzi en a orné sa tombe de famille ; le saint est debout, revêtu du paludamentum, la tête couverte d'un casque, un bouclier au bras gauche et du bras droit tenant une longue pique dont il se prépare à frapper le dragon qui se déroule à ses pieds.

Il serait difficile d'énumérer tous les monuments élevés en souvenir des grands commerçants génois ; nous ne pouvons qu'en nommer quelques-uns. Voici celui des frères Serra qui possédèrent plus de quinze navires marchands et acquirent une fortune immense. Le monument d'Erba nous rappelle que Charles Erba (1809-1888) arrivé à Gênes sans fortune à l'âge de 18 ans, devint un des plus grands négociants de la ville où il fut comblé d'honneurs et de titres. Luca Parodi et les frères Castello s'enrichirent dans le commerce du fer ; Pascal Pastorino dans le commerce du thon et des céréales ; Erasmo Piaggo, riche armateur, fit des affaires considé-

(1) *L'Italie illustrée*, par P. Jousset, p. 13. Paris, Larousse, 1901.

rables avec la Plata ; Charles Casella avec les Indes et accumula une fortune considérable dans l'industrie du corail. Les tissus enrichirent Charles Gérard, les cotons Bernard Figari. Tous ces morts et beaucoup d'autres reposent depuis dix, vingt, trente ans et plus dans leurs opulentes tombes de marbre ; ils ont laissé à Gênes des neveux qui continuent leurs affaires et qui à leur tour viendront plus tard prendre leur retraite à côté d'eux sous les galeries du Campo.

Le monument élevé à la mémoire de Jules Drago mort à 76 ans après avoir acquis une fortune considérable dans les pêcheries, rappelle un intéressant souvenir, tout au moins un fait assez original. Il existe, non loin de l'église Sainte-Marie de Carignano, un pont du haut duquel se précipitèrent de nombreux infortunés ; en 1877, alors que cette manie de suicide battait son plein, la ville reçut d'un certain Frédéric Arena, se disant Génois, une somme de vingt-cinq mille francs pour munir ce pont d'une grille en fer. Personne ne connaissait Frédéric Arena, mais la ville s'empressa d'exécuter ses volontés ; elle garnit même de parapets protecteurs un second pont. Au mois d'août 1880 on apprend à Gênes la mort à Florence d'un riche négociant Jules César Drago ; c'était le généreux bienfaiteur qui s'était caché sous le pseudonyme de Frédéric Arena. La chronique ajoute que lui-même, au début d'une existence commerciale difficile, avait été sur le point de se précipiter du haut du fatal pont. *Si non é vero...*

En continuant notre excursion à travers le Campo, nous trouvons encore de nombreux monuments. Voici Badaracco, Lombardo, J.-B. Valente, J. Ferrari; ce dernier fit fortune en vendant des pianos. Notons encore Ange Carrara, banquier, qui en 1849 gagnait modestement quatre-vingts francs par mois comme contrôleur des tabacs sur le port et mourut dix fois millionnaire.

. Le monument des Carpaneto nous fait penser au chevalier de ce nom qui expédia d'importantes cargaisons de denrées alimentaires aux pays les plus lointains. A côté, celui des Calegari renferme les restes du mari et de sa femme qui s'enrichirent dans l'exploitation de carrières de marbre. Signalons un peu plus loin le monument de Seraphino Alimonda qui, après de longues tentatives, réussit à gagner une fortune considérable dans le commerce des objets d'art ; il fut un des bienfaiteurs de Gênes et légua en mourant tous ses biens aux pauvres de la ville. Par une disposition curieuse, il institua quatre prix annuels de trois cents francs chacun en faveur des meilleurs écrivains qui emploieraient leur talent, dans les journaux de Gênes et de Rome, à la défense des enfants et à la protection des animaux. Le sculpteur

Barbieri a fixé la mémoire des Raggio, riches commerçants en céréales ; le tombeau de la famille Granara nous rappelle spécialement le souvenir de Jean Granara, qui, parti de Gênes à vingt ans, revint mourir dans sa ville natale à l'âge de cinquante ans, après avoir acquis une grande fortune à Montevideo. Le monument des Gaggini mérite plus qu'un regard ; cette famille, originaire de la Suisse, a fourni, dès le xv⁰ siècle, des architectes, des sculpteurs, et en dernier lieu un opulent banquier, Sébastien Gaggini. Il faut clore cette longue théorie de disciples de saint Georges par le nom de Catherine Campodonico, modeste Génoise qui rêva toute sa vie d'avoir sa place au Campo. Elle y réussit, car, après avoir été de foires en foires à travers la Ligurie, faisant un très médiocre commerce de noisettes et de bonbons, elle ramassa une petite fortune et fit placer, en 1881, avant sa mort, sa statue sous les galeries funéraires.

***

Il nous reste encore à signaler un certain nombre de monuments ; nous indiquerons quelques-uns de ceux en qui triomphent le mouvement, la vie, parce qu'ils sont empreints d'un naturalisme fort et puissant ; puis ceux qui nous ont paru spéciale-

ment révélateurs de pensée, de méditation religieuse et chrétienne.

Les statues symboliques abondent au Campo ;
parmi les génies masculins ou féminins qui planent
sur ses tombes, il en est qui sont inspirés par la
foi et le sentiment chrétien, d'autres sont de
vagues entités plus ou moins théologiques et méta-
physiques, qui s'étalent en chair et en os beaucoup
moins au profit d'une idée religieuse ou morale
que pour assurer la réputation de l'artiste qui les
a sculptées. Il serait difficile de dire combien de
fois apparaissent à nos yeux, sous les galeries
funéraires, la foi, l'espérance, la charité, la douleur, la résignation, la mort, la piété sépulcrale,
l'immortalité.

Nos sculpteurs génois, en taillant ces images
dans le marbre, n'ont pas oublié un seul instant
le soin de leur propre gloire ; le Campo est une
exposition et chaque artiste, une fois qu'il y est
admis, ne serait-ce que par une seule commande
de tombeau, veille à bien consolider son crédit et
à augmenter sa renommée ; les statues attendent
le visiteur et sont faites pour lui. C'est ce qui
explique comment ces représentations symboliques sont si vivantes et empreintes d'un réalisme
si puissant quelquefois même si provoquant.
N'est-ce pas l'impression qu'on éprouve en face
de la statue du Temps qui domine le monument
Erasmo Piaggio ? Le sculpteur Santo Saccomanno

nous le représente sous la figure d'un vieillard vigoureux et majestueux qui, les bras croisés, est assis avec calme et sérénité sur une urne sépulcrale de marbre noir ; impassible il regarde défiler sous ses yeux les événements et les hommes. Saccomanno, voyageant dans la province de Pavie, fut frappé par la figure caractéristique d'un vieillard de haute stature ; il en a fait son modèle. Le personnage assis sur cette tombe est donc un rude paysan de la Lomelline, un géant à la tête embroussaillée, à la barbe buissonneuse ; il dresse une tête osseuse et puissante qui fait penser au Moïse de Michel Ange ; il a la poitrine nue et croise majestueusement ses bras noueux sur lesquels courent des veines puissantes et tout en saillie.

Le *Drame éternel* de Monteverde qui domine le monument Celle provoque d'autres pensées ; toutefois il est encore plus réaliste. Deux acteurs : la mort et la vie. La mort, squelette droit et rigide, enveloppé d'un linceul, allonge ses bras pour saisir une jeune femme dans tout l'éclat de la force et de la vie. Quelle opposition entre cette victime qui lutte, se débat, et le spectre terrible ! entre ce corps féminin souple, flexible, qui se renverse en arrière vaincu, et la terrible dominatrice dure, inexorable !

Qu'a donc voulu nous représenter Scanzi dans le monument *Ghilino ?* Assurément un symbole vivant de l'âme échappant à quelque naufrage spirituel. Mais pourquoi avoir choisi cette lourde nymphe, en costume de nageuse, qui vient de s'abattre sur le rivage et se redresse sur un fond de flots courroucés qui mordent ses talons? Elle porte une étoile au front, lève les bras en l'air pour bénir le ciel d'avoir échappé à l'abîme. Excellente pensée certainement ; mais elle serait encore mieux inspirée en disparaissant dans les flots.

C'est surtout dans la chapelle des Suffrages qu'on peut assister au triomphe de la vie. Deux statues y attirent particulièrement les regards : d'abord celle d'Adam ; il s'agit d'Adam après la faute ; on le voit bien à toute son attitude pleine d'angoisse et de remords et surtout à la légende qui se lit à ses pieds : « *C'est par ma faute que la mort règne ici. — Sol per mia culpa qui la morte impera.* » Le premier homme, le corps court et ramassé, est debout, légèrement incliné à gauche, appuyé sur un long et fort bâton ; le bras droit est replié sur la poitrine, une épaisse chevelure dissimule son visage et retombe débordante sur ses épaules, les yeux sont profondément abaissés annonçant le remords qui torture son âme. Particularité curieuse et expressément voulue par l'artiste : Adam est représenté sans ombilic ; Laurent Orengo a prétendu qu'il n'en doit point avoir, n'étant pas né de la femme, mais sorti de la main créatrice de Dieu.

A côté d'Adam voici Eve. On raconte qu'un jour une dame de Gênes visitant le Campo fut frappée de la beauté forte et un peu massive d'Adam ; elle craignit qu'Eve, qui n'y figurait pas encore, fût une créature vulgaire et pour en faire une compagne digne du premier homme, elle offrit comme modèle à l'artiste sa jeune fille. Malgré tout cette Eve, prise dans la bourgeoisie de Gênes, est une créature quelconque ; rien ne nous fait voir en elle l'épouse attristée du premier homme, la mère du genre humain ; la présence seule du serpent qui se tord à ses pieds nous permet de deviner que nous sommes en présence de la première femme. L'attitude ferme et même farouche d'Adam nous reporte mieux aux âges primitifs : l'Eve du sculpteur J.-B. Villa peut tout aussi bien être l'associée d'un banquier et d'un armateur génois ; elle est triste sans être accablée, soucieuse sans angoisse. Elle est moins pudique que la Vénus de Milo ; toutefois elle a l'air ennuyé et pour se protéger contre les regards indiscrets elle allonge ses bras en diagonale sur sa poitrine et laisse retomber sur elle-même sa longue et opulente chevelure.

N'allez pas croire toutefois que dans cet immense musée de la mort si réaliste, il n'existe pas des œuvres marquées au coin du spiritualisme chrétien ; il en est qui élèvent l'esprit et le cœur vers les régions supérieures où aime à planer l'âme religieuse. Je vais en indiquer au moins quelques-unes.

Varni qui a enrichi d'œuvres très réalistes le Campo santo a placé sur un piédestal élevé, au milieu de l'immense nécropole, une statue de la Foi ; majestueusement drapée, la tête enveloppée d'un voile et auréolée, le regard paisible, elle enveloppe d'un œil protecteur les plus modestes comme les plus riches monuments. De sa main droite elle soutient une grande croix dont les bras dominent sa tête ; dans sa main gauche repose un livre ouvert, symbole des enseignements chrétiens d'espérance et de résignation dont la foi religieuse est la source. A défaut d'autres œuvres, cette belle statue nous avertirait que nous sommes dans un cimetière chrétien et que si dans les tombes individuelles les fantaisies les plus variées, les plus risquées souvent, se manifestent en trop grand nombre, du moins une haute et sereine pensée de religion rayonne sur tout cet immense champ de la mort.

Ce même Varni a encore placé dans le Campo des œuvres d'une délicatesse de lignes qui rappellent la tradition grecque en même temps qu'elles sont animées d'un souffle vraiment chrétien. On peut accorder ce double éloge à l'ange en méditation qui figure au tombeau de la famille Centurini Sicardi, et à cet autre ange si majestueusement drapé du monument de la marquise

Maggiolo Staglièno. L'attitude de ce dernier est calme et reposée ; le messager céleste se présente à nous de profil ; il a la tête légèrement élevée, le regard absorbé dans une tranquille méditation ; les deux bras reposent sur les genoux et la main gauche tient une clepsydre renversée. Nous sommes loin de ces plantureuses bourgeoises de Gênes, filles ou veuves arrachées à leur boudoir pour se montrer à nous dans toute la réalité de leur beauté féminine !

Il n'y a pas que Varni pour donner à quelques-unes de ses statues un caractère spiritualiste et chrétien ; d'autres méritent le même éloge. Par exemple, il y a une grande expression de beauté dans la statue de la Résignation qui s'élève dans la chapelle funéraire de la marquise Ravina Lomellini, l'œuvre de Sauveur Revelli ; noblement drapée, elle incline une tête pensive et recueillie ; les bras sont ramenés sur la poitrine et la main droite tient une croix.. Par la douceur de l'expression, la pose toute de calme et de piété, cette statue captive et retient les regards du visiteur, même le moins doué de sens artistique.

Il est naturel que dominant des tombes chrétiennes apparaisse souvent la figure de Notre Seigneur Jésus-Christ ; il s'y voit surtout comme triomphateur de la mort. C'est ainsi qu'il se montre sur le tombeau des Ferro Casa ; de ses bras en croix il écarte son linceul et lève les yeux

vers le ciel. Le voici encore sur la tombe des Tomati ; il est debout, vêtu de la longue tunique ;
c'est le maître des docteurs. Les mains sont éten-
dues et légèrement inclinées, de la gauche il
semble réconforter la fille du professeur Christophe
Tomati.

C'est d'une inspiration également religieuse
que procède le bas-relief du monument élevé par
L. Orengo à la mémoire des Gropallo. L'un d'entre
eux mourut en 1898 en fervent chrétien, récitant
de sa voix à moitié éteinte les litanies de la sainte
Vierge ; c'est ce que rappelle aux Génois et apprend
aux visiteurs la Vierge qui orne son tombeau. Une
simple remarque : la tête de la Vierge n'est-elle
pas un peu forte ? Mais cette observation timide-
ment formulée, quelle douceur dans ses yeux
modestement inclinés, quelle sollicitude mater-
nelle pour l'enfant Jésus qui se dresse sur ses
genoux et esquisse de la main droite un geste
de bénédiction !

Encore un monument d'inspiration toute chrétienne du même L. Orengo. En 1898 meurt
Guido Morini, laissant une veuve et trois enfants.
Un bas-relief nous les représente tous quatre, la
mère debout, les yeux levés vers le ciel et pres-
sant la croix consolatrice sur sa poitrine ; des trois
enfants l'aîné, le béret à la main, a la tête penchée
dans une attitude morne et accablée ; le suivant
porte ses regards en haut vers son père dont le

médaillon domine le tombeau ; le troisième est un tout jeune bébé qui avec les gestes gracieux particuliers à l'enfance, traine une grande couronne de fleurs au-devant du cippe funéraire. Particularité remarquable : les quatre personnages sont en costume de ville, revêtus des vêtements propres à leur âge ; ce n'est donc pas de la sculpture grecque ; Taine en serait irrité ; de la part d'un artiste il faut un grand courage et une véritable abnégation pour consentir à tailler dans le marbre des personnages en costumes de nos jours.

Assurément on ne saurait contester aux sculpteurs italiens un grand talent de praticiens ; mais il est permis de regretter de voir cette habileté incontestable de main mise au service d'un art trop familier et anecdotique. Et notez que les faits constatés ne sont pas particuliers au Campo Santo de Gênes ; les mêmes sujets, les mêmes prodiges, je dirais volontiers les mêmes puérilités d'un ciseau réaliste se retrouvent dans les cimetières de Milan, de Florence et de toute l'Italie. C'est donc une tendance très marquée de la sculpture italienne de chercher ses sujets dans l'actualité la plus contemporaine ; l'avenir prononcera sur la valeur de cette conception, mais il est permis de penser que le temps ne sera pas clément aux œuvres accumulées dans le Campo Santo de Gênes, et que la postérité en retiendra seulement quelques-unes. Et ce seront sans doute celles qui, par leur parenté avec les produits de l'art universel antique et moderne, auront le moins ce caractère de réalité présente, d'anecdote sentimentale trop marquée au coin de la mode du moment, dont souffre plus ou moins la dignité de la mort et des tombeaux.